Transfiguration

E.D. BLODGETT   JACQUES BRAULT

Transfiguration

Éditions du Noroît
BuschekBooks

Le Noroît souffle où il veut,
en partie grâce aux subventions de la
Société de développement des entreprises culturelles du Québec
et du Conseil des arts du Canada.

Artiste : Jacques Brault
Réalisation et montage : Julie Dubuc

Dépôt légal : 3e trimestre 1998
Bibliothèque nationale du Québec
Bibliothèque nationale du Canada
ISBN : 2-89018-418-8 (Noroît)
ISBN : 0-9699904 6-4 (BuschekBooks)
Tous droits réservés
© Éditions du Noroît et Buschekbooks 1998

Données de catalogage avant publication (Canada)
Blodgett, E.D. (Edward Dickinson), 1935 -
   Transfiguration
   Poèmes.
   Texte en français et en anglais.
   Publ. en collab. avec BuschekBooks
   ISBN 2-89018-418-8 (Noroît)-
   ISBN 0-9699904-6-4 (BuschekBooks)
I. Brault, Jacques, 1933- . II. Titre.
PS8553.L56T73   1998   C811'.54   C98-941409-4F
PS9553.L56T73   1998
PR9199.3.B56T73   1998

DISTRIBUTION
Éditions du Noroît :
Fides
165, rue Deslauriers
Saint-Laurent (Québec) H4N 2S4
Téléphone : (514) 745-4290
Télécopieur : (514) 745-4299

Éditions du Noroît
1835, Chemin des Hauteurs
Saint-Hippolyte (Québec) J8A 2L7
Téléphone : (450) 563-4620
Télécopieur : (450) 563-4622

BuschekBook DISTRIBUTOR :
General Distribution Services Ltd.
325 Humber College Boulevard
Toronto (Ontario) M9W 7C3
Telephone : (416) 213-1919
Fax : (416) 213-1917

Imprimé au Québec, Canada

Philippo Stratford
amico, interpreti, poetae

Prefatory Note

A renga is a poem invented for one-legged dancers. As one of us would leap into the air, the leap was made in the faith that the other would complete the leap. Both depend on the other for their *pas de deux* to be completed. Although being separated by vast distances in space does not really matter, it may in fact prompt the desire to create such a dance across the space of their imagination, at least. For this poem is the determining element in a friendship that could not find another way to express itself. It is, however, an expression that does not permit the same liberties that two-legged dancers enjoy : each dancer must surrender to the other to create the figure that the dance, not the dancers, requires. And so we have chosen to call this renga "transfiguration" to suggest how each dancer, while remaining himself, is drawn into the figure that possesses both dancers that becomes one dancer, whom they did not imagine. Only the poem that they participate in is capable of imagining it. This is the dance that our imagination became, unknown to ourselves as me and you, but something other and more complete.

E.D. Blodgett

Liminaire

Poèmes dialogants ou poème à deux voix, nous serions en peine de définir exactement ce qui résulte d'un jeu grave mené en toute innocence. Nous ne savions pas où nous allions et nous n'avions à suivre aucune règle préétablie.
Chacun a écrit dans sa langue et selon sa dictée propre, mais en répondant à l'autre par l'écriture oblique du poème. Puis nous nous sommes entretraduits librement.
Ainsi avons-nous écrit en étrange familiarité, grâce à une amitié qui ne s'est pas donné d'alibi en cherchant à gommer nos différences. Si la poésie est aussi la voix de l'autre en soi-même, alors ce petit livre constitue peut-être, et à maints égards, une transfiguration.

Jacques Brault

bees were dancing in the roses
translucent in the light

the petals of a thousand suns
opened in the air
petals of suns dancing in circles

of music and bees

les abeilles dansaient parmi les roses
translucides sous la lumière

les pétales de mille soleils
se dépliaient dans l'air
pétales de soleils qui dansaient en cercles

de musique et d'abeilles

au vent d'été les soleils
traqués d'ouest en est
confient leur semence

les jardins sous la sécheresse
brûlent avec l'alouette
perchée sur son extase

under the summer wind suns
harried from west to east
bestow their seed

gardens in drought
burn as the lark burns
high upon its ecstasy

bright seminarian   devotee
of summer and the sun the lark
ascending rises in the air

beyond the reach of joy

voice suspended
in the pitch
of solitudes

ardente séminariste   fervente
de l'été comme du soleil l'alouette
s'élance et monte dans les airs

hors d'atteinte de la joie

voix suspendue
dans la tonalité
des solitudes

au sommet de son envol
l'âme se renverse et chute
solitaire autant que la mort
dans un corps corbeau

                              at the limit of its highest flight
                              the soul pitches back and falls
                              alone as death
                              a crow in its brilliant body

the soul forever dissolves
when seen it is
seen in a time of tangents
   interceding
            a crow
gone upon
   a curve of sun

l'âme à jamais se dissout
quand on la voit on la
voit au moment où se recoupent
      des tangentes
               un corbeau
qui se fond dans
   une courbe de soleil

          à travers les ombres
          du boisé elle prend
             la tangente
          cette folie de geai bleu

through the shady patches
of the bluff it moves
    obliquely
this blue jay madness

shadows steep the air
of trees gathering birds of hills

suddenly the moon
unspoken snow of light
antiphonal against the dark

music flowers

les ombres imbibent l'air
des arbres oiseaux rassemblés entre les collines

soudain la lune
muette neige de lumière
en contre-chant aux sombres

fleurs de musique

un oiseau-mouche trompette
les fleurs du weigelia
en bruissement bas

se dispersent là-haut
muets neigeux fantômes
les nuages lunophiles

                                                a hummingbird trumpets
                                                the weigelia flowers
                                                murmuring sotto voce

                                                and all scatter above
                                                phantoms of silence and snow
                                                clouds in love with the moon

the moon speaks
and what it says becomes the sea
no other sound

but waves upon a distant shore
falling in tune with the moon

no one touches the sea

        la lune parle
        et ce qu'elle dit devient la mer
        nul autre bruit

        que les vagues vers un rivage au loin
        en harmonie avec la lune

        personne n'atteint la mer

au rivage où couraille
    la maubèche branle-queue
au rivage où boitille
    l'échassier flemmard
quel enchanteur à l'œil d'écume
    et chevelu d'algues
quel enchanteur cueillera de ses filets
    les gravats du ciel

along the shore where the spotted
    sandpiper flits about
along the shore where the lazy
    stilt hobbles
what magician eye full of foam
    and downy with seaweed
what magician will pluck with his nets
    the flotsam of heaven

      the sky lay upon the stream
         birds stood upon the sun
      their feet on fire

      the sun alone sings
      when their voices fill the air
        the air spelled with fire

      calligraphies of trees
        leap up and grass and stones

le ciel gisait sur le ruisseau
    les oiseaux perchaient sur le soleil
leurs pattes en feu

    le soleil seul chante
quand leurs voix emplissent l'air
    l'air charmé en lettres de feu

les calligraphies des arbres
    jaillissent et l'herbe et les pierres

une tristesse monte des marais
   où se moire la vase
   et tombe en rafale le cri
   du pluvier kildir
le silence des pierres se blesse

a sadness rises from the marsh
   where the silt spreads shimmering
   and the cry of the killdeer
   falls in sudden gusts
stones in their silence lie in wounds

marshes breathe
 their breath
takes the shape of birds

 and when they sing
marshes sing
 and their mortality

                                                            les marais respirent
                                                             leur respir
                                                            prend forme d'oiseaux

                                                             et quand ils chantent
                                                            les marais chantent
                                                             et leur mortalité

                               à l'orée du brouillard
                                              la forêt
                               encore cotonneuse
                               respire grassement

                               les dents des farfadets
                                              en dessous
                               font une frayeur de luisances
                               un cliquetis de râle noir

along the edge of the fog
                the forest
still wispy
breathes in deep abundance

elves with their teeth
                down below
kick up an alarm of lights
the rattle of the black rail

music in eclipse
nothing but its rondels
to be heard
turning on the edge

invisible departure of birds
among an autumn of slow moons

éclipse de musique
on n'entend rien
sauf ses rondeaux
qui tournent sur le pourtour

envol furtif d'oiseaux
parmi un automne de lunes lentes

au déclin de l'été parfois
le chant de la tourterelle triste
s'égrène plus longuement

plus vaste est le bleu
du vent où s'éclipsent
les voix d'on ne sait quoi

                                        sometimes at the close of summer
                                        the dove's sad song
                                        falls even longer away

                                        the blue-note of
                                        the wind is larger where voices
                                        never heard fade out

or bees flowing over with the light
of summer suns at dusk
exploding on the waves of small lakes

words floating off into the dark

ou bien des abeilles qui ruissellent avec la lumière
des soleils d'été à la brunante
qui explosent sur les vagues de petits lacs

des mots qui flottent à peine dans l'obscur

des barques d'ombre s'échouent
sur les yeux de l'effraie
un automne rôde troué
de petites béances de lumière
et la mémoire ne prend pas son essor

little ships of shade sink
across the barn-owl's eyes
autumn lurks riddled
with small gaps of light
and memory fails in flight

and they are smaller
murmurs of the doves
against the openings of light

departure is their coda
their shades upon the air
moments of rain recalled

et ils sont plus faibles
les murmures des colombes
contre les trouées de lumière

le départ est leur coda
leurs ombres par l'espace
rappellent des passages pluvieux

quel mur de froid ferme l'horizon

des plumes par milliers
cherchent une issue

quelle pesanteur écrase la clarté

des cris flèchent le ciel
et la démence du monde

        what wall of cold closes the horizon

        feathers by the thousand
        seek a way out

        what heaviness crushes clarity

        the sky is shot through with screams
        and the madness of the world

memories of forgotten things

of autumn in its casual dispersals
a world becoming light
that settles in the hands

of radiant hands stretched upon the air

desire is to be
held by memory alone
origin a primal going out

souvenirs de ce qui est oublié

de l'automne aux dispersions fortuites
un monde qui devient lumière
qui s'établit dans les mains

de mains rayonnantes et distendues dans l'air

le désir c'est d'être
tenu par la seule mémoire
l'origine est une sortie sans retour

l'hirondelle pourprée loin de l'air
alourdi tire son croissant noir

on cherche en vain l'origine
le premier cri coupant l'attache
du ciel et de la terre

bientôt la blancheur tranquille
fêlure de nuit blanche

the purple martin far from heavy
air draws out its dark crescent

the search for any origin the first
cry that cut the link between
earth and heaven is of no use

soon the serene whiteness
breach of sleepless nights

beneath the bright autumnal nights
the small ponds open in the light

serenities of ducks
moons afloat upon the breath

sous les nuits brillantes de l'automne
les petits étangs s'ouvrent à la lumière

tranquillité des canards
lunes à flot sur leur souffle

première neige où ne respire
que le temps arrêté

les nuages se chiffonnent
et par les champs s'étale
une fine farine
que le vent va pétrir

first snow where only time
at rest draws breath

clouds crumple
and through the fields a fine
flour spreads
that wind will come and shape

are we agreed on this my friend
the moon's a word I give to you
and unaccompanied by stars

it rises in your ear
music a capella falling through

a darkness light as snow

sommes-nous mon ami d'accord sur ceci
la lune est un mot que je te donne
et sans accompagnement d'étoiles

il s'élève à ton oreille
musique a capella qui tombe à travers

une obscurité légère comme neige

faisant amitié avec des mots
où le son est le sens
la mésange à capuchon noir
pousse du bec son bref
fi-bi
      deux gouttes de gaieté
      au front de l'hiver

sealing friendship with words
that mean what you hear
the chickadee with its black cap
eases from its beak its soft
phee-bee
   two drops of gaiety
   on winter's temples

no other impromptu but
the snow it does not fall

it is the air that fills
unrehearsed no other music heard
before it

overtures of stars at random

pas d'autre impromptu que
la neige elle ne tombe pas

c'est l'air qui emplit
l'improvisé nulle autre musique perçue
avant elle

ouverture d'étoiles au hasard

il hante les brûlis où debout
les grands arbres se délitent
au hasard de sa musique
syncopée
      le pic chevelu
que signe à la tête
      une étoile de sang

                haunting the burnt forests where
                great trees still standing split apart
                here and there with scattered cries
                of sound
                      the hairy woodpecker
                figured on his head
                      a star of blood

winter is a paleography

imperatives dissolve
time forgets

a sparrow sits upon a fence

if it sang its song
would never reach the ground

scattered clouds of breath
alphabet in ruins

l'hiver est une paléographie

toute urgence disparaît
le temps oublie

un moineau se tient sur une clôture

s'il chantait son chant
jamais n'atteindrait le sol

vapeurs d'haleine qui se dispersent
alphabet en ruines

      écriture parcheminée sur le ciel
      ardoise
           des essaims d'oiseaux charbon
        redonnent au temps d'avant le temps
              son mutisme
              son néant

wrinkled writing across the sky
slate-grey
      swarms of charcoal birds
return to time before time
    its muteness
    its nothing

silence settles on the lakes

it is not stars that fall
but afterthoughts of stars floating
flowers their roots long

ago within the sky

le silence s'établit sur les lacs

ce ne sont pas des étoiles qui tombent
mais des arrière-pensées d'étoiles fleurs
flottantes leurs racines depuis

longtemps au sein du ciel

du haut d'un grand froid
elle se laisse chuter
dans la neige la perdrix

racine d'un effroi
ou fleur d'un redoux

sonatine silence

            from the depths of great cold
            letting go to fall
            into the snow the partridge

            root of terror
            or flower of false spring

            silence sonatina

they open   stars
in flower   novas of bees
descend   gardens of the sky   the night

on fire through the trees

                              elles s'ouvrent   étoiles
                              en fleur   des novas d'abeilles
                              descendent jardins du ciel la nuit

                              en feu à travers les arbres

le bruant chanteur
roulé par le noroît
chante les étoiles variables
qui naissent de sa plume
bleue   en rires secs

agonie d'étincelles

the song sparrow
tossed about by northwesterlies
sings the changing stars

born from blue
feathers in dry cackles

agony of sparks

and trees were heard to laugh
reaching toward the moon

first the birds then
the seas as one arose the light
in tarantellas moving in them

fountains of stars

et l'on entendait rire les arbres
qui s'étiraient vers la lune

d'abord les oiseaux puis
les mers comme une seule se levèrent la lumière
en tarentelles se déployait en elles

fontaines d'étoiles

un peu d'eau suffit
pour que s'attarde le couchant

décharné de l'hiver
il danse et trille

le sizerin flammé

a little water is enough
to delay the setting sun

the spell of winter gone
the dance and warble

of redpolls

rain speaks
and when it speaks the silence of
the early twilight

falling gives reply

it says in words
of rainy syllables
desire stone grass

la pluie parle
et quand elle parle le silence
au début du crépuscule

en tombant donne la réplique

il dit en mots
de syllabes pluvieuses
désir pierre herbe

l'hiver s'en va du souvenir
la brunante   là-haut
des outardes   fonce

au nord et nasille
son cri emmêlé de nuit

winter departs from memory
nightfall somewhere up there
spreads darkness   over the geese

in the north its whine
mingles with a cry in the night

spring is not the sun
reborn it is
language that invisible

explodes across the air

its herald single crows
that fall miraculous
from uninvented alphabets

le printemps n'est pas le soleil
qui renaît c'est
le langage invisiblement qui

explose au long de l'espace

ses corbeaux un à un messagers
qui tombent miraculeux
d'alphabets incréés

mouillure de lumière et vive
remuant sans cesse le non-sens
la fauvette s'effile
messagère de stupeur

et quelle souffrance sèche
soudain se vaporise

                    sponge of light and brisk
                    flicking nonsense forever here and there
                    the warbler frays at the edges
                    bearing the most amazing news

                    and what suffering all dried up
                    in a flash is lost in plumes of air

and rivers open   what
is there to see
but glosses of

a bare hypothesis
that opens unaware beyond
the open of the sky

                        et les rivières se réveillent   qu'est-ce
                        qu'on peut voir
                        sinon les gloses

                        d'une simple hypothèse
                        qui éveille l'ignorant par-delà
                        la veille du ciel

imaginée mauve
la tendresse du temps
se dépose insoucieuse

le moqueur-chat s'avoue
en un miaulement strophique
la joie qui meut le monde

coming to mind mauve
the tenderness of the season
gets ready without the slightest thought

the catbird stands revealed
mews from verse to verse
the joy that moves the world

and where he enters air
silence spreads before him

echoes of a silence then
when they fall

fall as music from
the inside out would fall

silence measured

et là où il pénètre dans l'air
le silence s'étend devant lui

échos d'un silence alors
quand ils tombent

tombent comme musique
d'au-dedans tomberait au-dehors

mesure de silence

debout dans sa patience
le grand héron gris
au miroir du ciel
sens dessus dessous

tel s'immobilise
en oiseau-roseau

standing inside his patience
the great blue heron
in the mirror of the sky
everything upside-down

so he becomes a statue
a reed-bird

no other bird but this
a bird that is silence   its song
before any music was

within the air to hear

trees take shape within it   colours
are

nul autre oiseau que ceci
un oiseau qui est silence   son chant
on devait avant toute musique

l'entendre dans l'air

les arbres y prennent forme   et tout
est couleur

le printemps nocturne
marie les arbres
au feuillage fragile où
l'engoulevent bois-pourri
modalise sa mélopée

the vesperal spring
marries the trees
to the frail foliage where
the whip-poor-will
rings the change of arias

the modes where anything
whatever is is in
the order of its first

crescendo dorian trees
where birds cannot be seen
but full their pitches in the silence

flowers of their

mortalities

les modes où toute chose
peu importe quoi est
conforme à son premier

crescendo arbres doriens
où les oiseaux restent inaperçus
mais parfaits leurs tonalités dans le silence

fleurs de leur

mortalité

quels roulements d'air frappent
les bourgeons laineux des saules

l'eau du fossé frémit des ombres
échappées filent comme oiseaux

là où le temps chante en leur latin

                        how they roll beneath the gusting air
                        the woolly buds of willows

                        the water in the ditches trembles shadows
                        slip away spun into birds

                        the season singing then in their patois

stillness falls a hand that overflows
with stillness and in the stillness
trees their naked leaves translations of

their solitudes the cry the thrush makes
invisible the light laid open spring

is that inside that is
the one hypothesis lighter than
catkins its touch

le calme règne une main qui déborde
de calme et dans les arbres
de ce calme leurs feuilles lisses traduisent

leur solitude le cri que la grive rend
invisible la lumière large ouverte le printemps

est cet intérieur qui est
la seule hypothèse et plus soyeux
que chatons son toucher

aux arbres blanchis de plein jour
la sittelle s'affaire   tête en bas

ainsi les acrobates minuscules
qui peuplent les songes   folie
passagère où s'accroche à la vie
une mort tranquille et certaine

in the trees bleached at the peak of day
the nuthatch bustles about   head down

so the tiny acrobats
who frequent dreams   fleeting
folly where clinging to life there is
death peaceful and sure

the visible the bluff of birches their frailty
against the infinite of sky and light
ephemeralities of birds of green

in metamorphosis the visible
is traces of mortality whatever is
is a speaking of itself
unseen its memory of other light

le visible le boisé de bouleaux leur fragilité
contre l'infini du ciel et de la lumière
éphémérité des oiseaux du vert

en métamorphose le visible
est traces de mortalité tout ce qui existe
est une parole de lui-même
inaperçu son souvenir d'une autre lumière

éphémère bouffée de feu
le tangara perce l'obscur
et fracasse le mur de la mémoire

quels printemps révolus soudain
renaissent en l'espace qui hésite

au bord de l'absence

                 passing puff of fire
                 the tanager cuts into darkness
                 and shatters the wall of memory

                 what springs long gone suddenly
                 come to life again where space pauses

                 at the edge of absence

of light upon its innerness
a flowing over of the cries of thrushes in
the darkness where

it is where darkness touches
on the light a song
of the invisible that is

not heard but is
the dance transcribed of what it is

voici de la lumière en son intimité
un afflux de cris de grives dans
les ténèbres où

elle se cache où les ténèbres effleurent
la lumière un chant
de l'invisible qui n'est pas

entendu mais est
la danse transcrite de ce qu'il est

lorsque le premier couteau
de l'aube horizontale ouvre
le ventre rond des collines

il lance son glouglou sonore
et pince ses notes de banjo

goulûment l'amoureux goglu

when the first slice
of the horizontal dawn pierces
the curved belly of the hills

he hurls forth his resounding gurgle
and plucks his banjo notes

greedy with love the bobolink

and in the song
that rises in their throats
a spring opens

in potentia
it sings
of apples in

their dream of apples
paling in the light
of early fall

et par le chant
qui monte dans leur gorge
un printemps se déploie

en puissance
il chante
les pommes qui

rêvent de pommes
pâlissantes à la lumière
d'un automne hâtif

des ossements de l'hiver
a surgi le rêve bruyant
de la crécerelle   petite pulpe
de plume   qui becquette
et déglutit le temps

mots-épines et sang des choses
s'allient à la roche gangrenée
pour au temps nouveau
donner nouvelle douleur

up from the bones of winter
has sprung the kestrel's
noisy dream   frail pulp
of feathers   who harries
time and gulps it down

thorn-words and the blood of things
cling to the decaying rock
for the sake of the new season
to give a new grief

time spills from the beaks
of birds returning   time
coming round again

it is only time
that sings   refrains
of its unfolding

nothing to be seen
that is not time   but time
made flesh

becomes song

        le temps au retour des oiseaux
        se déverse de leur bec   le temps
        se ramène encore

        c'est le temps seulement
        qui chante   refrains
        de son dépliement

        on ne voit rien
        qui n'est pas le temps   mais le temps
        fait chair

        devient chant

c'est encore elle la chair du temps
qui se ramasse au creux de la main

l'oiseau roitelet par saccades
des ailes apprend au paysage
la mort nombreuse
de l'instant où très aigu
zigzague l'éternel enfant
qui s'abouche au rien du tout

there it is again the flesh of time
gathering in the hand's hollow

the king of the hedge-rows its wings
in fitful gusts teaches its little country
the frequent death
of the instants when the eternal
zigzags through at its highest pitch   child
whose song reaches into nothing

if there is eternity
it is desire an air
that enters all that is

and soars above the shape
of time returning it appears
as bird grass tree

a solitary thrush that
in the shade becomes the air
alone its mortality

the song of its
invisible

s'il y a une éternité
c'est le désir un air
qui pénètre tout ce qui existe

et s'enlève au-dessus de la forme
du temps qui revient il apparaît
comme oiseau herbe arbre

une grive solitaire qui
dans l'ombre devient l'air
seul sa mortalité

le chant de son
invisibilité

les ombres s'éveillent
toutes les ombres mortelles

la grive solitaire
argente le sans-fond
de la douceur saisonnière

le matin remue à peine
sa lumière grésille   nuée
d'abeilles invisibles

        the shades wake up
        all mortal shades

        all alone the thrush
        silvers the endless depth
        of the softness of the season

        the morning barely prompts
        its light steeped with motes   cloud
        of invisible bees

Transfiguration,
dont la conception graphique
est de Florence Noyer,
a été composé en caractères Bembo corps 11,5
et achevé d'imprimer par
AGMV Marquis imprimeur inc.
le vingt-deuxième jour du mois d'octobre
mil neuf cent quatre-vingt-dix-huit
pour le compte des Éditions du Noroît,
et de BuschekBooks.